Giant Print

Wordsearch Puzzles

Volume 6

THE SOLUTIONS ARE AT THE BACK OF THE BOOK

1 - WOODLAND

BADGER

BLUEBELLS

BRAMBLE

BRANCH

CANOPY

CLEARING

COPPICE

DECIDUOUS

DEER

DORMOUSE

EVERGREEN

FERN

FORAGING

FUNGI

GLADE

HEDGEHOG

LEAF

LOG

MOSS

OWL

PINE MARTEN

SAPLING

SCRUB

SQUIRREL

TOADSTOOL

UNDERGROWTH

WOODPECKER

```
G L T S O R G H C N A R B F N U
F U O Q L E V A F E G S A L D H
S I A R V E N F B S O E N E T N
S G D N E O R L O E L E E W R O
O N S E P K U R S R T R O E N R
M I T Y C E C U I R A R F E F E
D R O C B I O E A U G G E E L G
O A O E O M D M P R Q R I B E D
P E L W R P E U E D G S M N I A
A L C O G N P D O R O A C S G B
S C D L I O N I E U R O L C N Q
W K A P C U Q V C B S Y W R U S
O D S G O H E G D E H C O U F O
E M O N I P G N I L P A S B P T
```

2 - BUFFET

BAKED HAM

BITE-SIZE

BREADSTICK

CANAPE

CHEESE STRAW

COLD MEAT

CRACKERS

CRISPS

CRUDITES

DELI PLATE

DIPS

FINGER FOOD

MAYONNAISE

MINI QUICHE

NACHOS

NIBBLES

PASTA

PORK PIE

ROLLS

SALAD

SANDWICH

SAUSAGE ROLL

SCOTCH EGG

TACO

TARTLET

VOL-AU-VENTS

WRAP

```
D A L A S W T A E M D L O C B C
N I B B L E S C S P A L T E I A
L S D K U Y T E R V A L V M T P
G M P O C A T A O A L N C N E M
G T A I O I S L L O C H A H S A
E T Z Y D F A A R P E K C C I H
H Y E U O U R E N E I I E E Z D
C N R L V N G E S D U L I R E E
T C A E T A N E G Q W P E S S K
O W N C S R S A I N K I L D P A
C T R U H T A N I R I L C A S B
S M A A R O I T O S O F S H I D
M S I A P M S P S R E T C A R C
R O W E K C I T S D A E R B C S
```

3 - BOWLING ALLEY

ALLEY

APPROACH

ARCADE GAMES

BALLS

BEVERAGES

BILLIARDS

BOWLING

DARTS

DELIVERY

FOUL LINE

FRICTION

GUTTERS

HOOK

KNOCK DOWN

LANES

LASER ARENA

PARTIES

PINS

POOL

SCORE

SKID

SNACKS

SPARE

SPEED

STRIKE

TABLE TENNIS

TENPIN

TETRACTYS

TRIANGLE

```
S G E N O I T C I R F W O M C L
N I D I K S H E E L G N A I R T
D I N D L C E K K V H R S N K I
A F P N J A I G P I C S W N S G
R L E N E B S A A A R O C Y I B
T S M N E T R E D R D T T O Y P
S P D A I T E E R K E C S G R S
K A N R I L G L C A A V U F E E
C R L E A A L O B R R T E Y V N
A E S L M I N U T A T E K B I A
N U O E E K L E O E T O N E L L
S T S P S Y T L R F O A D A E O
G N I L W O B S I H S P E E D O
R H C A O R P P A B A L L S O P
```

4 - A-Z OF JOBS

AUDITOR

BOTANIST

CASHIER

DIPLOMAT

EDITOR

FARMER

GROCER

HOTELIER

INVENTOR

JOINER

KNITTER

LORRY DRIVER

MIDWIFE

NURSE

OPTICIAN

PILOT

QUILTER

REFEREE

SCIENTIST

TUTOR

USHER

VINTNER

WRITER

XRAY TECHNICIAN

YACHTSMAN

ZOO VET

```
E E R E F E R R E M R A F H I U
L Q N I T E R Q R E S R U N N I
E U P A N H U I V K D I V G U Q
F L K I I I O I C I R E F R B Z
I R O N L C R T P E N V O J O R
W J O T A D I L E T R T I O T R
D E E T Y M O T O L I P V R A E
I R M R U M S R P D I E A E N T
M T R R A T E T E O T E Y T I T
K O E T A I U S H E R X R I S I
L V I N T N E R E C O R G R T N
X T S I T N E I C S A W R W C K
M N A I C I N H C E T Y A R X P
S R E I H S A C R O T I D U A O
```

5 - PEAK DISTRICT

ASHBOURNE

BAKEWELL

BAMFORD

BUXTON

CASTLETON

CHAPEL-EN-
    LE-FRITH

CHATSWORTH

CHEADLE

CHESTERFIELD

CONGLETON

DERBY

DERWENT EDGE

DOVEDALE

EDALE

GLOSSOP

HARTINGTON

HATHERSAGE

HOPE VALLEY

ILAM

KINDER SCOUT

KNUTSFORD

LEEK

MANIFOLD VALLEY

MATLOCK

TIDESWELL

WIRKSWORTH

```
H E L A D E G A S R E H T A H C D
C A S T L E T O N E L D A E H C Y
Y K E F U Y H O D W C H T A B D E
B O M D I O T O M R T G P N E R L
R L A G L X C A P R O E S G K O L
E T L N U E T S O E L F D R N F A
D P I B O L I W R E V E M O A S V
L O D D O T S F N E T A T A H T D
L S V C E K E L R N D G L B B U L
E S K E R S E L E E N N O L M N O
W O A I D F W W G I T U I F E K F
E L W M R A R E T N R S P K I Y I
K G C I P E L R L N O K E E L E N
A N T Y D X A E E L V C U H O L A
B H B W R H T R O W S T A H C M M
```

6 - CALLIGRAPHY

ANGLED LINES

BROAD TIP

BRUSH

CERTIFICATE

CRAFT

DECORATIVE

DESIGN

FONT

GILDING

GRAPHICS

HANDWRITTEN

ILLUMINATOR

INK

INSCRIPTION

INVITATIONS

LETTERING

MANUSCRIPT

NIB

PARCHMENT

PENMANSHIP

QUILL

SCRIBE

SKILL

TEXTURE

VELLUM

VISUAL ART

```
T E G N I R E T T E L V B D E E
S P X A K N Q D G Q R E I E V T
N I P A N U O I E O U N N R I A
O T E I I G L I T S E V M U T C
I D R L H D L A T T I A E T A I
T A L A I S N E T P N G N X R F
A O X N L I N I D U I E N E O I
T R G H M A R A S L M R E T C T
I B T U S W U C M H I B C O E R
V T L F D U R S C N I N I S D E
N L N N A I R R I R E L E I N C
I R A O P R A B C V L P M S K I
W H T T F P C S C I H P A R G U
M U L L E V L L I K S S I V U Q
```

7 - UNIFORMITY

ANALOGOUS

BALANCED

COMPARABLE

CONGRUENT

CONSISTENT

CONSTANT

EQUAL

EVEN

FIXED

IDENTICAL

INVARIABLE

LIKE

LINED UP

MATCHED

MONOTONOUS

REGULAR

SAME

SIMILAR

SMOOTH

STABLE

STATIC

STEADY

STRAIGHT

SUSTAINED

TWIN

UNCHANGING

UNFLUCTUATING

```
G S U O G O L A N A E L B A T S
T N F C L C O B S T E W P Y M R
N X I I O C W T A L E Q U O E C
E S K T I M R L B L G M N V O V
T E U T A A P A A N A O A N F R
S L A S I U I A I C T N G S I A
I T I G T R T G R O I R C D X L
S L H N A A N C N A U T E E E I
N T A V E A I O U E B H N N D M
O N N U H D U N N L C L F E X I
C I I C Q S U T E T F W E V D S
W X N W G E R P A D M N T E R I
T U O H T O O M S R A L U G E R
Y D A E T S T N A T S N O C N U
```

8 - AMERICAN RIVERS

ARKANSAS	NORTH PLATTE
BRAZOS	OHIO
CANADIAN	OUACHITA
CIMARRON	PECOS
COLORADO	RED
COLUMBIA	RIO GRANDE
CUMBERLAND	SAINT LAWRENCE
GILA	SHEYENNE
GREEN	SNAKE
JAMES	TENNESSEE
KUSKOKWIM	WHITE
MILK	YELLOWSTONE
MISSISSIPPI	YUKON
MISSOURI	

```
S T O M R N A I D A N A C E N G
P N I I F I W E C K M B C O A S
I S H Z P H O I C I D N K Y N E
A O O D I P M G W J E U E A T H
T Z E T N A I K R R Y L K T O I
I A E E R A O S W A L E A S D R
H R I R S K L A S O N L Y E A U
C B O B S S L R W I P D N M R O
A N O U M T E S E H S N E A O S
U R K I N U T N T B E S P J L S
O U L I B O L R N Y M E I G O I
I K A V N A O O E E C U I M C M
G S R E D N W H C O T L C D Z E
N E E R G H S A S N A K R A F C
```

9 - SPUDS GALORE

ANYA

BAKED

BOILED

CARA

CHARLOTTE

CHIP

COLCANNON

CREAMED

CROQUETTE

DESIREE

DUCHESSE

ESTIMA

FRENCH FRIES

HANSA

HASH BROWNS

JERSEY ROYAL

KING EDWARD

LYONAISE

MARFONA

MARIS PIPER

MASHED

NADINE

ROAST

ROOSTER

ROSTI

SPUD

TATTIE

VIVALDI

WEDGES

```
E E R I S E D P E A M I T S E T
A S E U P U M N I A M S O Y S D
S E T L P F I A E H N A D A I E
N A T S A D R I R W C R O T A L
A D E T A Y T E O I A R S L N I
H W U N O T O R N W S E N O O O
D E Q C A L B R D C H P N A Y B
E D O T H H R E Y M H N I R L D
H G R A S E G A A E A F O P E Y
S E C A R N S R H C S O R M E D
A S H O I A F S L C S R A I E R
M E S K F O C O E T Q E E K E O
J T A Y N A C R E U R L A J C S
I D L A V I V R F C O B E W I V
```

10 - WINDOWS

BAY	ORIEL
CASEMENT	PANE
CATCH	ROOF LANTERN
CLERESTORY	ROSE
CROSS	SASH
DIOCLETIAN	SHUTTER
DORMER	SILL
FRAME	SKYLIGHT
FRENCH	SLIDING
GLAZING	STAINED GLASS
HOPPER	TILT
JALOUSIE	TRANSOM
LANCET	VENTILATION
LOUVRED	

```
L N H N M O Y M P M T H Y B E C
E M A R F A R E P P O H C S J I
D L G E B P C L H S A S O T Y E
E L I T H G I L Y K S R N R A N
B I K N F F A T O P D S O A O C
J S S A L G D E N I A T S I R Y
U C R L G F I S O E S N T D G T
A S D F O S R C H E M A E N Z S
E H V O U L E R U L E I W L F
C T O O R E V E N I T Z S I A K
W R L R T M L R T C A T D A N G
I A O I I C E N E L H I E L C M
J Y A S J E E R G D N A V R E H
B N D Z S V L K N G R T L I T N
```

11 - COSMETICS

BALM
BLUSHER
BODY WASH
BRONZER
CLEANSER
CONCEALER
CREAM
EYE SHADOW
FOUNDATION
FRAGRANCE
GEL
GLOSS
HENNA
HIGHLIGHTER

LIPSTICK
MAKEUP
MASCARA
PIGMENT
POWDER
PRIMER
ROSE WATER
ROUGE
SHADE
SHAMPOO
SKIN
TANNING LOTION
TINT

```
T A G L E I P O P R I O O T T W
K L E G L O E R A W A E D A H S
C C U R W F E C O R Y N N N O L
M O I D E S O D N O A N N O P B
R U E T N L A U R A I C P E O L
P R P A S H A E N N R M S D H U
R R E U S P Z E G D A G Y A L S
M L I E E N I L C H A W A I M H
C A Y M O K O L S N A T I R C E
L E E R E T A W E S O R I K F R
C T B R I R M M H I S C B O L M
U N R O C A S S O L G K R A N K
O I N R E T H G I L H G I H L A
F T N E M G I P H I G L I N H M
```

12 - JANE AUSTEN'S WORLD

BATH

BENNET

BERTRAM

DARCY

DASHWOOD

ELIOT

EMMA

GENTRY

HEROINES

KNIGHTLEY

LADY SUSAN

LONDON

MANSFIELD PARK

MORLAND

NORTHANGER
ABBEY

PERSUASION

PREJUDICE

PRICE

PRIDE

REGENCY

ROMANCE

SANDITON

SENSE

SENSIBILITY

SOCIETY

THE WATSONS

WOODHOUSE

```
Y R T N E G N O I S A U S R E P Y
B L K W Y S V R B S L K P M D E E
S O P R W T E Y A E N E S R B U C
O N Y N A G I N T I R N D B T P I
L D J W E P D L G E O T A I K M D
I O D N O I D H I S I R R D R H U
G N C O T O T L T B E C N A E P J
E Y A O O L D A E G I A O C M F E
C T N S E W W H N I L S N S S D R
E Y E Y U E H A O R F A N Y E R P
S C V N H S H S O U M S G E N T H
U R I T N T Y M A O S A N D S O O
T A W R R E A D R D B E M A E I C
B D A O P J B K A H T A B M M L P
S E N I O R E H M L E L I F E E N
```

13 - FORMULA ONE

AERODYNAMIC

AUTO

CIRCUIT

COMPETITOR

CONSTRUCTOR

CONTACT PATCH

DOWNFORCE

DRIVER

FINISH LINE

FORMULA ONE

GRAND PRIX

HYBRID ENGINE

LAP

OPEN WHEEL

OVERTAKE

PACK

PIT CREW

POINTS

QUALIFYING

RACE

RED FLAG

SEASON

SUSPENSION

TEAM

TRACK

TRACTION

TYRES

WARM-UP

```
D N O I T C A R T S P C T A Q H
O H C C K G P C U P O U H E U Y
E I Y C I O R S I M I C M C A E
N G A B I M P A P R T T O R C M
I P N N R E A E N A C N C R A L
L E T I N I T N P D S U O R E W
H S K S Y I D T Y T P F I E E G
S N I A T F C E R D N R H T A W
I O O O T A I U N W O W I L T D
N T R S T R C L O G N R F X R S
I U R N A T E D A E I D E I A E
F A O O O E R V P U E N V A C R
E C A R F G S O O R Q E E U K Y
P A L E N O A L U M R O F S R T
```

14 - LEARNING CURVE

ART

ASSEMBLY

BELL

BLACKBOARD

CLASS

COMPUTING

DESK

ENGLISH

EXAM

GEOGRAPHY

HEAD

HISTORY

HOMEWORK

LANGUAGES

LESSON

MATHS

MOCKS

PREFECT

SCHOOL

SCIENCE

SKILLS

SPORT

SUBJECT

TEACHER

TECHNOLOGY

UNIFORM

WHITEBOARD

```
A Y U K N T P S W R O T N Y H W
M M S V H S I L G N E T R H M S
X E R E S C I E N C E O R P S H
D R A O B E T I H W T B R A D L
S D Y O F P G N N S J E L R K G
N R M L S I O A I O F C A G C U
S K E P B L N H U E S O C O L D
S L O H O M S U C G B S M E O J
H R L G C U E T L K N P E G O E
T H Y I B A M S C M U A B L H B
A I F J K O E A S T A U L P C J
M Z E Y C S L T I A T X L A S F
E C E K X B W N K R O W E M O H
T G S C E J G B V D A U B R N U
```

15 - YOGHURT

AYRAN	LASSI
BORHANI	MATZOON
CULTURE	MILK
DADIAH	PROBIOTICS
DAHI	RAITA
DHAU	SET-STYLE
DOOGH	SHRIKHAND
DOVGA	SKYR
FERMENTATION	SOURNESS
JAMEED	SWISS-STYLE
KEFIR	TZATZIKI
LABNEH	ZABADI

```
A T I A R A H A I D A D E R P I
A H G O O D R N S S R I F E K M
C I A R M Y A O W O I B J I O S
B L D I F H Z I I S O D Z Y C K
E D L A R I S T S T C T H I D E
L K N O B S L A W O A X T A R D
Y A B A S A L T M Z U O B U U M
T L T T H U Z N T A I R T E R O
S C Y D H K P E J B T L N A Y C
T L S E E O I M O G U Z D E K O
E N G E N R N R I C D F O I S H
S O O M B O P E H A M K V O H S
K P X A A E G F H S H L G H N E
S U L J L G O I N A R Y A N A L
```

16 - DETECTIVE NOVEL

ACCOMPLICE

ALIBI

BESTSELLER

CLUES

COLLUSION

CRIME

DETECTIVE

EVIDENCE

FALSE TRAIL

FINGER PRINT

FORENSICS

INTERVIEW

INTRIGUE

MOTIVE

MURDER

MYSTERY

PAGETURNER

PLOT

PRIVATE EYE

RED HERRING

SCHEME

SCOTLAND YARD

SLEUTH

SURVEILLANCE

SUSPECT

TWIST

WITNESS

```
R G A E C I L P M O C C A T E R
E E F E P R S I I Y V R T W S S
D V B L C C E N A R S N I C O C
R I O N H N T D E R I T O M I I
U T R E O R A N H R T T E N E S
M C M E I I R L P E L E T R W N
H E S G L U S R L A R E S I Y E
N T U U T L E U N I R R T L V R
O E U E S G E D L V E N I I A O
M D G E N P Y S I L E V T N L F
I A C I L A E E T S O O R N G K
P D F O R S W C S S M C H U M F
E V I D E N C E T S E U L C S L
L E Y E E T A V I R P B G P B I
S K H C T W I S T D I B I L A E
```

17 - BEGINNING TO END

BASIS	FINISH
BEGIN	HALT
BIRTH	INCEPTION
CANCEL	INTRO
CEASE	LAUNCH
CLOSE	ONSET
COMMENCE	ORIGIN
CONCEPTION	PREFACE
CONCLUDE	RESOLVE
CULMINATE	RISE
DAWN	SOURCE
DEBUT	START
DEVELOP	STOP
EMERGE	UNFOLD

```
T E S I R U P H R P E H M D L R
G A T R A T S C B C O N T E F E
T U B E D I E M N I S T V R C K
B L E C N A C E H N A L S O I N
E A F I S Y M O O S O U R C E B
M U F E C M E I N S O R T N I P
T N D N O I T P E C N O C P O S
M C W C H P A R R T L A H L N I
S H K A E N N O E E W U E V S S
N L I C D E I H R M F V D G E A
V R N W S D M G C I E A B E T B
O I Y O I O L A E D G R C N H O
A D L O F N U T F B P I G E M K
P C M U V E C L S I E R N E A L
```

18 - ROSE GARDEN

ALBA

ARCH

BARE ROOT

BUD

BUSH

CLIMBER

DAMASK

DOG ROSE

FLORIBUNDA

FRAGRANCE

GROUND COVER

HIP

HYBRID TEA

MOSS

MUSK

PETALS

POTPOURRI

POTTED

PRICKLE

PRUNING

RAMBLER

RUGOSA

STANDARD

STEM

THORN

TRELLIS

WILD

```
P L V S T G E L K C I R P B F A
O E K D A L A I L N K M O H R E
M N A E T D I R B Y H B E A W T
I N R C M O N R I E S O R G O D
R E V O C D N U O R G C P O L F
E T S K H Y S O B D H A R I V L
B S R S U T A P S I P E W C R O
M L E U E B H T P T R E L L I S
I P L M L D A O R A G O T F N M
L S B A A N R P B U S H L A K U
C O M M D E C N A R G A R F L R
U E A A G D W A F V H O D B H S
M S R C Y G N I N U R P S I U W
K D B D E T T O P S E R T A B D
```

19 - SELL SELL SELL!

AISLE

ARCADE

AUCTION

BUY

CASH

COMPLEX

COST

DEAL

DEPARTMENTS

MALL

MARKET

OFFER

ONLINE

OUTLET

PRECINCT

PREMISES

PRICE

PURCHASE

RETAIL

SALES

SELL OUT

SHOP

STOCK

STORE

TILL

TRADE

VENDOR

```
C A O A E I S U Y C L E X E R P
O P F N V S T S P I L F F N U T
L E X F T E E R O D N E V I E D
M B L O K S I H A T U O L L E S
A T C N I C E R P D F Y T N M E
C K T M E G O O W F E U N O N A
U S E T V S H M E N O B X P F R
G R I F E S A R P E O O K M R O
P L H L I L E H R L M I L A E D
L U A Y R T S O C A E O T R Y B
H S L T A A T I R R C X L C E L
X A S I C S P K A O U L D A U L
T H L S T N E M T R A P E D I A
S I U E W T V O I M N E V E R T
```

20 - STAR TREK

BASHIR

BONES

CHAKOTAY

CHEKOV

CRUSHER

DATA

DAX

JANEWAY

KES

KIM

KIRA

KIRK

LA FORGE

MCCOY

NEELIX

O'BRIEN

ODO

PARIS

PICARD

QUARK

RIKER

SCOTTY

SEVEN OF NINE

SISKO

SPOCK

SULU

TORRES

TROI

TUVOK

UHURA

WORF

```
S A T I A X F B E K I K L P O K
S E R Y C H T X C D K R S X N S
C E G T A U G O I R R I H S A B
O X N R V T P T A L S K E M R D
C U I O O S O U C K E V U L U S
A K K I B F Q K O H E E W A S V
X Y A W E N A J A N E C N E F B
F R O W O D P L O H R K R M I K
E E D Y A I S F O U C R O L E Y
D K I T C C N U S B O L P V O S
U I A A O I K H C T R A H C G F
B R R T N D E U M U R I C Y K A
R D T E I R O R R I N M E E B O
P Y O X U A W A S P V O S N T M
```

21 - FLOWER SHOW

ALPINE

ANNUAL

ARRANGEMENT

AWARD

BEST IN SHOW

BLOOM

COMPETITION

CROWDS

DESIGN

DISPLAY

EXHIBIT

FLORAL

GARDENS

HERBS

HORTICULTURE

IMAGINATION

LANDSCAPING

MARQUEE

NEW VARIETY

PERENNIAL

PLANT

ROSETTE

SEED MERCHANT

SHRUB

STAND

TEA TENT

```
H O L A I N N E R E P C H S A M
S T X H I I D T M M O C L H O Y
D F N D W I M A E M O A Q E W T
W L E A S O R A P A N O R U N E
O O E P H Q H E G D T U L E G I
R R L S U C T S S I T E M B I R
C A T E N I R C N L N E N E S A
Y L E I T E A E U I G A T T E V
D A S I B P D C M N T T T P D W
N U O B I I I R A D E S L I D E
A N V N R T H R A S E A E R O N
T N G Q R E R X O G N E A B R N
S A W O U A H R E T S W S P O W
C O H E X E N I P L A B U R H S
```

22 - ALL SHADES OF YELLOW

AMBER	JASMINE
APRICOT	JONQUIL
BANANA	LEMON
BUTTERCUP	MARIGOLD
CANARY	MUSTARD
CHARTREUSE	PRIMROSE
CITRON	RAPESEED
CORN	SAFFRON
CREAMY	STRAW
DAFFODIL	SUNGLOW
EGG YOLK	SUNSET
FLAX	TARTRAZINE
GAMBOGE	TURMERIC
GOLDEN	YELLOW

```
L A U C Y N E T O C I R P A D T
I P R W O R N Y E Q W U L L A Y
U R E O W O I D F N C A O W M R
Q T B L O C Z L A R O G R A U E
N U M G L O A A E F I R E T C N
O B A N L X R T M R F R T I S I
J E S U E R T R A H C O R I P M
N D G S Y U R M A A B E D R C S
O R T G B J A S N P M A I I W A
R A E N Y O T A E R E M N F L J
F T S O K O R J U M R S T A F P
F S N M E Y L T G O L D E N N R
A U U E O B M K S M U S L E U A
S M S L G L S E G O B M A G D S
```

23 - AUSTRIA

ALPS

BREGENZ

BURGENLAND

CARINTHIA

CARPATHIANS

DANUBE

EISENSTADT

FOOTHILLS

FORESTS

GRAZ

INNSBRUCK

KLAGENFURT

KNODEL

LINZ

MOUNTAINS

SACHERTORTE

SALZBURG

SANKT POLTEN

SKIING

STRUDEL

STYRIA

TAFELSPITZ

TYROL

VIENNA

VORARLBERG

WIENER SCHNITZEL

```
E Z S A I R Y T S T S E R O F K
I T A A F W Y S V A Z K M W C L
A B I K N R T I N N L E I A M Z
D Z H G O K E D E I T Z R I T A
N F T L R N T G A R A P B R N K
A O N I N E E P O T A T U U C G
L O I A P R B T O T S F N U R B
N T R D B S R L H L N N R U L G
E H A Z A E L I R E T B E E O F
G I C F H N A E G A S E D S G M
R L Z C W N U A F N R U N R I C
U L A M S Z L B N A R O A Z N E
B S P L A K L I E T T Z V N M K
L E Z T I N H C S R E N E I W Z
H K N O D E L G N Z F F E L I D
```

BARRAGE	JARRED
BARREL	LORRY
BERRY	MARRY
BURROW	MIRROR
CARROT	MYRRH
CIRRUS	NARROW
CORRECT	PARROT
CURRANT	PURRING
EARRING	SORREL
FERRET	SURREY
GARRET	TERRACE
HERRING	TORRENT
HORRID	TURRET
HURRAY	WARREN

```
C A M K J T I E T C D H A Y I M
O I I W O R R A N Y G I R N Y L
H O R R L C G M E F A R R T E A
E U R T I R N D R B E R N R P O
T A O R C R I S R B R A R Q O M
C A R V B E R T O R R A P U A H
D U E C A R R E T R B C W R H T
S Y F M E H U R U B A R R A G E
T D J I Y E P C O B G Y F L H R
V E G N I R R A E C U E O R S R
U R R Y E R R U S O R R E L M U
Q R P R O I U H N R R L R K G T
S A W L A N Y C E Y H N T O K E
P J M I O G B T A N E R R A W F
```

25 - GET COOKING

BARBECUE

BLANCH

BOIL

BRAISE

CONDIMENT

COURSE

CUISINE

DRESSING

ENTREE

FLAVOUR

GRILL

LEAVEN

MARINADE

PICKLE

PIPING

POACH

PORTION

RECIPE

RELISH

ROAST

SAVOURY

SEASON

SIMMER

SOUPCON

SPICE

STEW

STIR

STRAIN

TOAST

```
L G I M H L Y G N O C P U O S T
H C N A L B I B V O E C I P S N
E L K I W A S O P T L O C A E O
P L R N S T M I B N W P O U R S
I I G U R S C A B E E T U D I A
C R N A O K E A R M T V R L T E
E G I O L V R R C I S C S S S S
R N P E I B A U D D N A E I A O
N P I M E T I L L N V A A M O S
L R P C Y S R E F O P R D M R N
S H U G I C A O U C B O B E F P
T E K N E V I R P K A U A R H M
O I E F E W Y H S I L E R C R N
P D E N T R E E B V G A T L H E
```

26 - METALWORK

ALLOY	MERCURY
ALUMINIUM	METAL
BASS	NICKEL
BRASS	NOBLE
BRONZE	ORMOLU
CAST	PEWTER
COPPER	PLATINUM
FERROUS	PRECIOUS
FORGE	SILVER
GILT	SMITHY
GOLD	SOLDER
IRON	STEEL
LEAD	TIN
MALLEABLE	TITANIUM

```
N I D B A H E P G R T A E P R B
M O A I B M K B S C S V B L F A
E S S R L F C U D U A T Y E O C
S M A U A P O Y R U C R E M O A
N S U L O R L S F S E L S N W D
S R L I R I O A M G B O T O I A
O O E E N L C I T A H I M R L E
Y R F V D I T E E I T P E I Z L
C S L E L H M L R A N T N N K T
L O R E Y I L U N P W U O U N D
G A P V K A S I L E O R M O L U
N I T P M C U W P A B U B O T M
M I L E E M I S T E E L G I S R
S O T T M R Y N M W E G R O F O
```

27 - AMERICAN EATS

AMBROSIA

ANGEL FOOD CAKE

BAKED ALASKA

BROWNIE

BUFFALO WINGS

BURGER

CANDY

CHIFFON PIE

CORNBREAD

CUPCAKE

FUDGE

GUMBO

HOT DOG

ICE CREAM SODA

JAMBALAYA

JELLY BEAN

KEY LIME PIE

MONTEREY JACK

PECAN PIE

PUMPKIN PIE

RED VELVET

SHRIMP CREOLE

SLOPPY JOE

SUNDAE

```
E A K S A L A D E K A B I E O L
I K E I P E M I L Y E K S M R N
G N A H K U D G B A Y H T A H D
J A R C F C U A Y R R D D F E E
T E E V D M A A E I O O N I C I
E B G O B O L J M R S W P A E P
V Y R O J A O P Y M B N N I C N
L L U S B Y C F A E O N P I H I
E L B M U R P E L F R N R O E K
V E A W E N R P F E A E T O G P
D J E O F C D I O C G D T A C M
E Y L U E B H A E L O N J N K U
R E D C A C C P E G S S A P O P
D G I S G N I W O L A F F U B M
E K A C P U C B A I S O R B M A
```

28 - PATCHWORK QUILT

BACKING

BATTING

BEAR'S PAW

BINDING

BLOCK

BORDER

CHARM PACK

FABRIC

FLEECE

HEXAGON

HONEYCOMB

IRISH CHAIN

JELLY ROLL

LAYER CAKE

LINING

LOG CABIN

LONE STAR

NINE PATCH

PATTERN

PIECING

QUILT

SCRAPS

SCRIM

SQUARE

STITCH

TEMPLATE

WADDING

```
E R E D R O B G N I K C A B I B
K C O L B E N I N L Y E O B L E
A P E I F M A O L I C X A L F C
C A T N C D O O G H D T E E A H
R T A I G I R C A A T N N X U Q
E T L N E Y R R Y I X I I C N M
Y E P G L G M B N E N E A B I R
A R M L S P N G A E N W H R B A
L N E H A P N I P F S O C L A T
S J T C R I A A D V Q S H L C S
A D K I C P T R O D U U S J G E
W F L E E C E N C M A K I B O N
Q U I X H C T I T S R W R L L O
S P T H W A P S R A E B I A T L
```

29 - TOUR DE FRANCE

ALPS

BICYCLE

BREAKAWAY

CHAMPS-ELYSEES

CLIMBS

CROWDS

DISTANCE

FRANCE

MASS-START

MOUNTAINS

PARIS

PELOTON

PENALTY

POINTS

PRESTIGIOUS

PYRENEES

RACE

RIDERS

SPRINTER

STAGES

TEAMS

TIMES

TOUR

YELLOW

JERSEY

```
D S V S B M I L C O R L D A I B
I S E U U S A S E E N E R Y P R
C E I E T O P S O C S B E G L C
H G D R S A I C S N N S K B S R
C A W I A Y N G I S R A R F R E
H T B Y S P L A I E T E R J E S
L S R U O T T E J T A A I F D H
E G P I F N A W S K S N R W I M
K D N R U M O N A P O E O T R A
P T I O I L S W C T M R R I S O
S J M R L N A M O E C A R P E I
Y U O E N Y T L A N E P H S M T
E A Y O S J E E W E L C Y C I B
P O I T N P V U R E T M E Y T S
```

30 - SEA SWIMMERS!

ANCHOVY

BARRACUDA

BASS

COD

DAB

DORY

FLOUNDER

FLUKE

HADDOCK

HAKE

HALIBUT

HERRING

MACKEREL

MULLET

PILCHARD

PLAICE

POLLACK

POUTING

RAY

SALMON

SARDINE

SKATE

SMELT

SNOOK

SOLE

SPRAT

TURBOT

```
S M C H O K G B R R Y V C B A F
K R E D N U O L F O S K O A N L
T E S R F L B D O M H L E M A H
U M K A M A R K E L R E P I K I
B N A H D R G L E C I A L P O C
D H T C O U T N C G N I T U O P
D O E L K A C A I C S E I G N K
E I C I R E K A H R N O H B S A
C T Y P S C R O R I R A L T D C
K U S R A S V E D R D E A E H K
E R W L O Y A R L D A M H L I P
P B L T V D A B O T U B I L A H
N O M L A S R C F U N E K U M A
P T S F L U K E O Y R A S M P M
```

31 - WEIGHTS AND MEASURES

BURDEN

BUSHEL

CAPACITY

CORD

DRAM

DUMBBELL

FORCE

GALLON

GILL

HEAVY

JACK

KILOGRAM

LOAD

MASS

MICROGRAM

MILLIGRAM

OUNCE

PERCH

PINT

POUND

PRESSURE

QUART

SCALES

SLUG

STONE

TABLESPOON

TEASPOON

TON

```
I C P G O Y L M H R I S E T F V
H F K X U E V L Y N D M Z J N S
O W M Y H N Z A O T M A R D S O
Y J B S C F D O E A R N E A F A
E T U M O S P E R H O A M P E O
V B I R A S C G N O T I U R P D
I P C C A R O A P O L N U Q U K
N E O E A L G S L L T S I M B G
E R T U I P E O I E S S B P S A
D C A K N L A G R E S B O L G Q
R H L C B D R C R C E I U Q U U
U T X A L A J P L L I G N H C B
B H T J M N O L L A G M C R T L
A N W G D V F C S T E S E D M W
```

32 - MEDIEVAL MUSIC

ARS NOVA

CANON

CHANSON

CHANT

CHORAL

CITOLE

CLAUSULAE

CONDUCTUS

CRUMHORN

DULCIMER

FIDDLE

FLAGEOLET

FLUTE

GEMSHORN

LYRA

MADRIGAL

MANDORE

MELODY

MOTET

PSALTERY

RECORDER

SACKBUT

SHAWM

TABOR

TROPE

TROUBADOUR

```
I N E L S T N I F B R H U O I R
C E R W C O P G T E C O A L N T
P O K A S B N N E I L J W S R D
S S R N A N A R T R G D I C F E
U E A T R H R O O E O R D L R A
T H R L C U L E M H L D A I T L
C E S A T E O S D A M G N U F U
U H N S L E H D G R E U B A Y S
D O O C H O R I A O O K R D M U
N E V R R A R Y L B C C O C E A
O P A N A D W E E A U L E T O L
C O M C A L T M S T E O U R I C
P R E M I C L U D M U L R U R H
N T L Y E I D E N V F U B T N E
```

33 - PENINSULAS

BERE	MARLOES
BRIXHAM	MORTE POINT
CARTMEL	PENWITH
DAWLISH WARREN	ROSELAND
DENGIE	ROTHERHITHE
FURNESS	SHOTLEY
GOSPORT	SPURN
GOWER	ST DAVID'S HEAD
HOO	TENDRING
ISLE OF DOGS	THE FYLDE
ISLE OF PURBECK	THE LIZARD
ISLE OF THANET	WIRRAL
LLYN	

```
F U G N S P J D O N T C R S K N
S E I R E G I G C N R O O C L S
E G Q S O R O H I A T U E O T D
O U O W L S R O G H R B P D H N
L S E D P E P A E N R T A S E A
R R H O F E O R W U I V M D F L
A S R O T O H F P H I R R E Y E
M T S R T I E F T D S A D M L S
A A O E T L O L S H Z I L N D O
H M Z H N E E H S I A A L E E R
X G E B L R E Y L I R N N N W L T
I K Y S E A U E A R W G E L A U
R O I B D X H F I E I D Y T V D
B I M R H T I W N E P N F C T B
```

34 - REGATTA

BOOMS

CONTEST

COURSE

COXED FOURS

COXSWAIN

CREW

CRUISER

DISTANCE

DOUBLE SCULLS

ENCLOSURE

KEELBOAT

KNOCKOUTS

PONTOON

RACE

ROWERS

SAIL

SKIPPER

SPECTATORS

SPINNAKER

STEERSMEN

STEWARD

TROPHY

WATER CRAFT

YACHT

```
C I F T E P S T O G A O T H K L
O R S T A S I E F C S H W I C A
I E U P C O U R S E C N S R O C
D X O I E T B T O A T L E W E G
U E E S S C E L Y T L W A U T H
R I N E R E T I E U R T H D O T
C E T C R U R A C E E O S R X S
D N K S L E O S T R K T P C O E
N I M A P O E F C O U G O H D T
S E S P N L S R D O R X D R Y N
N M I T B N A U K E S S A T R O
A K O U A F I C R W X W R B O C
S N O O T N O P A E E O P L E M
P D R C B N C I S T B A C I M S
A M S O K U N E S R E W O R O N
```

35 - ROPE

BRAID	LAID
CABLE	LINEN
COIL	NYLON
COIR	PLIES
COTTON	RIGGING
DIAMETER	SISAL
FIBRE	STATIC
HALYARD	STRAND
HAWSER	STRAW
HEMP	STRENGTH
HOCKLING	TENSION
JUTE	TWIST
KERNMANTLE	WIRE
KNOT	YARN

```
L S Y H A L V P D T G R N Q V O
K M B R I Q E I C H S N S U I N
E S W J O U A L F D O T P L O S
A N T L F R H J B I R M X T K D
F Y L R B I R A S A E I T H Y H
N P E L A I B N W L C O I R E W
E G H T G N E R T S C B T M G O
N W N G N T D N E S E W P N G I
I E I I O O A R T T I R B A O C
L N T N L M L A A S E I L P N M
G Q K U N K T Y T Y W M S L Z G
J Y A R J I C I N L L I A O H Y
X P E H C K S O I K S A R I F B
H K L Z I T K O H A C X H E D T
M D B G A F C D L E J M O E N A
```

36 - OPERATICS

ACTING

ARIA

BARTOLI

BEL CANTO

CABALLE

CALLAS

CARRERAS

CARUSO

CHORUS

CORELLI

COSTUME

DOMINGO

DRAMA

FLAGSTAD

GIGLI

LIBRETTO

MELBA

MUSICAL

ORCHESTRA

PAVAROTTI

PLOT

RECITATIVE

SCENERY

TEBALDI

TERFEL

THEATRE

VERISMO

```
A B T S D O C G O E L L A B A C
E O M R I V A S I L M E Y O T S
R U A L F S U R O H C T A E C O
T M P C I R I Y T D L E R G E T
A L G A A L R A O S V F I O B N
E I D C V E L M F I E G L S A A
H M R I N A I E T L L H A G C C
T H U E L N R A R I A R C T N L
I E C T G O T O B O E G I R L E
N S B O S I T R T R C N S V O B
G E M A C O E R R T G E U T L I
D A C E L T C A A A I R M V A P
L O R P T D C T A B L E M I G D
A P E O M S I R E V S A L L A C
```

37 - 'P' PLACES

PADSTOW

PAISLEY

PAKISTAN

PALERMO

PANAMA

PARAGUAY

PARIS

PARMA

PASADENA

PATNA

PEMBROKE

PENANG

PENNSYLVANIA

PENRITH

PENZANCE

PERTH

PERU

PHILIPPINES

PHOENIX

PIEDMONT

PISA

PLYMOUTH

POLAND

PORTUGAL

POTSDAM

POWYS

PRAGUE

PRESTON

PROVENCE

```
L P A E P H T U O M Y L P L P P P
N O T S E R P L P R O V E N C E E
S Y P W O M R E L A P P L A P O O
P E Z E P W N A N E S O A E R S S
I L T I R P G A M Z Y A N R E I I
P S W E P U H B T A A N D N M R R
A I P O T A R O U S S N I E D A A
N A E R T O R G E Y I P C N N P P
A P O D K S A G L N P K A E O A A
M P E E M R D V N I I L A W I N N
A L P R A O A A L A O X Y P K T T
I X S P T N N I P P N S A R N A A
P T P R I H H T I R N E P I O P P
E U G A R P O T S D A M P Z L R R
```

38 - CHEESEMAKING

CASEIN

CHEDDARING

COAGULATE

CRUMBLY

CURD

CUTTING

FLAVOUR

FRIABLE

JUNKET

MATURE

MELLOW

MILK

MOULD

PASTEURISED

PITCHING

RENNET

RIND

SALT

SHARD

SOURING

STARTER

STRETCHING

TANGY

TEXTURE

VEINS

WASHING

MILKWHEY

```
E F D G M A U B P I C D L N E R
Y W A C S E C E G H L U D O W E
P E U H T L L U T U O E R I L T
S R H S F A E L O A S S C L G R
D M I W T R N M O I L C H N N A
T F A M U R T G R W U U I A I T
P B R T R E E U Y T A R G P R S
L E A E X U E T T L A S I A U D
C M L T N T O I C D B T H L O S
A O U B S N N V D H C M O I S C
S R N A A G E E A H I U U M N H
E L P L Y I H T I L D N I R F G
I O E B N C R N M R F L G V C L
N S M S R A G F T E K N U J S M
```

39 - POETRY

ANTHOLOGY

BALLAD

COUPLET

DOGGEREL

EPIC

HEROIC

HEXAMETER

IDYLL

LIMERICK

LINE

LYRICAL

MEASURE

OCTAVE

ODE

PASTORAL

PENTAPODY

REFRAIN

RHYME

ROMANTIC

RONDEAU

SCANSION

SONNET

SPONDEE

STANZA

STAVE

TRIAD

TROCHEE

VERSE

```
P D G N O H E U R E K P S D E Y
A E D L B F V T H O S E V A T S
T R A I E U R G M E E R L R E D
S O L C R I A T S D R I E D L O
C E L A A E R E N O M O O V P A
O R A D C O T O D E N G I E U N
R U B N C I P E R N G N N C O I
E S L H T S R I M E O T E I C A
P A E L T H C Y R A A R S T T R
R E P A Y K O E L P X N O N A F
Y M N M O D L L O I A E Y A V E
L Z E R X E I D O C C N H M E R
A O P S T R Y M S G L I R O N I
B M L A R O T S A P Y L A R H N
```

40 - FAMOUS BEGINNING WITH 'A'

ACHILLES	ARKWRIGHT
ADONIS	ARLOTT
ALBERT	ARMSTRONG
ALEXANDER	ARNOLD
ALFRED	ARTHUR
ALI	ASHE
ALLISS	ASKEY
AMENHOTEP	ASTAIRE
AMUNDSEN	ATATURK
ANDREWS	ATHELSTAN
APOLLO	ATTLEE
ARCHIMEDES	AUDEN
ARDILES	AUGUSTUS
ARISTOTLE	AUSTEN

```
A R O A N P S I N O D A R D T A
T E L P E T O H N E M A U S T M
T D S H M A H K A U T E S D L E
O N S E L S R G N R L S A K E O
L A A F D U A D I T N T U L E N
R X R R T E S P O R H O T A S Y
A E S A M E M T O E W T L E H A
D L T U N S S I L L A K L D R S
H A B A T I T S H S L L R T C T
E T R E R S T R A C I O H A R A
L T S A R A U L O H R U R I H I
A B U W N T I G C N R A N H C R
D S W E R D N A U D G S A R D E
G A L S E L I D R A S A L B T N
```

41 - PHRASE BOOK

ADAGE

APHORISM

ARTICULATE

CLAUSE

COMMUNICATE

DICTUM

EPIGRAM

EXPRESSION

GET ACROSS

IDIOM

LOCUTION

MAXIM

MOTTO

PROVERB

PUN

QUIP

REMARK

SALLY

SAW

SAYING

SET FORTH

TELL

TERM

UTTER

VERBALIZE

WITTICISM

WORDPLAY

```
C L E U F I P H T K U S L S A I
Y G P L O C L A R E A C R L D U
V N I D P M D O A W O O N I E S
M I G I Y A S C C M A E T X O T
G Y R E G L L I M U Z M P T H F
S A A E T A L U C I T R A T O B
D S M L U A N A L I E I R X S M
W P R S P I C A S S T O O R I E
B R E E C D B R S W F T V N M M
E O T A M R R I O T L P I U Q R
U V T C E A O O E S T E T W O E
Q E U V P N R S W A S C M E S T
C R M B X I U K M S I R O H P A
N B T I A M C P E D M O I D I E
```

42 - BOTTLE IT UP

ALUMINIUM

BABY

BEER

CANTEEN

CAP

CLAY

CODD-NECK

CORK

DRINKS

FLASK

GLASS

JEROBOAM

MAGNUM

MEDICINE

MILK

PERFUME

PLASTIC

SCREW TOP

SHAMPOO

SODA

SPRAY

STOPPER

THERMOS

VIAL

WATER

WINE

```
B A L W S E Y B A C B R C I T S
N E O P N M O S D R S M E O D M
F D R I U A C R O K E S W E R F
C A W N M I L O S D L P A C B K
Y L G A T A P U I K O I O L E O
T A E S E M O C M T S D M U G R
M S A D A M I B W I D A T R N E
W L O H I N U E O N N S L Y E I
P A S M E B R F E R K I A F E L
N I T O R C I C R N E L U Y T H
E V Y E S E K N I E C J B M N S
R E J B R O H R E P P O T S A I
Y G U I A S D T M Y A R J O C M
V K M V O B I S P R H T P N R U
```

43 - BIG BIRDS...

ALBATROSS	EAGLE
BUSTARD	EMU
BUZZARD	FALCON
CARACARA	FLAMINGO
CASSOWARY	GREBE
CONDOR	GROUSE
CORMORANT	GULL
CRANE	HARRIER
CUCKOO	HAWK
DUCK	HERON

```
A P F N T G U O Y W I N G O S C
B L M G R N O R E H M A L Z Z O
U O I O C I A K O A N L P L T B
C O U R O W C R I D B O E H U S
A S A S O U A K O D N F C Z I G
E N C S D G W V R M L O Z L O D
E U S O R A R A C A R A C T A L
C A Z R H E T E M U R O U E N F
C E F T K S I I B D E I C B U A
O O L A U Y N R I E L L K Y L G
R G I B N G S A R C U R O U S O
G W M L O U E L G A E C O N D K
K A R A S O Y R C W H G W A I D
H E C M S E E H O S S R A C H E
```

44 - ...AND MORE BIG BIRDS!

HOBBY

KESTREL

KINGFISHER

KITE

LOON

MERLIN

OSPREY

OSTRICH

OWL

PARTRIDGE

PEACOCK

PELICAN

PENGUIN

PHEASANT

PIGEON

RAVEN

STORK

SWAN

TOUCAN

TURKEY

VULTURE

```
M E E H S N T R A N H E O P A K
L O T S O O E N Y S C A I K E I
H E T I U S I V M E R U T L U V
I P R C K U T P A K R N O D R O
O C A E G D I R T R A P K W E L
N N K N H G Y N I W M C S B P S
T I E E E S A B S C O L W O M I
N P L O S S I T B O H T E T U K
H A N R A T O F A O U E S O R L
A N C E E R R E G R H O K U H E
V J H I K M P E K N A E F I P M
I P T V L P H E L O I G O C A P
O S R U T E Y U G O M K R T O U
T U I N I O P V E L S S L E R E
```

45 - WELL-CLOTHED

BEADING

BELT

BODICE

BRACES

BUCKLE

BUTTON

COLLAR

CUFF

DART

FRILL

GATHER

GUSSET

HEM

HOOD

LAPEL

NECKLINE

PLEAT

POCKET

POPPER

RIB

RUCHE

SHIRT TAIL

SHOULDER PAD

SLEEVE

SMOCKING

STUD

TOGGLE

WAIST

ZIP

```
S T L E E K N D M C G U T C E B
M O V I T A T H G L S M T G O R
P E C S B L L N Y V T E S S U G
O W I Y E L I B E G F H P C O N
F A E B I C U A N C O F H R P E
W H V R B C A I T U K E U O F E
T S F U K E K R L T C L P C O L
R A L L O C A D B I R P I L M L
S N E E O D E D D P E I C N A E
P O R M E R U O I R L Z H P E O
C T S F P V B T D N G E E S G T
R T G A T H E R S O G L A B G A
O U D N K B T E K C O P H T K W
C B O E M D I L A W T H D I A Z
```

46 - IT'S SNOWING

BLANKET

BLIZZARD

CRISP AIR

CRYSTALS

DRIFT

FLAKE

FLURRY

FOOTSTEPS

FREEZING

HAIL

HUSH

ICY

IGLOO

MAGICAL

PLOUGH

POWDERY

SILENT

SKIS

SLED

SLEET

SLEIGH

SLUSH

SNOWBALL

SNOWMAN

THAW

WHITE WORLD

```
H A F L U D S E B M F I G A L B
F U E E I L R U A Z Z A H D I C
R P O T E K N A L B T E E L S R
E Y L D Z F P L Z M E B Y S P C
O H T O L Z A O A Z D C L E E R
O G P A U B N G W L I A H F T R
W I K S W G I A R D T L L R S G
O E V O Y C H O M S E U B I T L
Z L N O A T W S Y W R R K A O L
Z S D L W E N R U R O S Y P O I
R U K G T F C E Y L S N K S F L
N D R I F T V T L P S M S I N R
L O H U S H B G N I Z E E R F K
P W I M E G U H L A S O M C L S
```

47 - POSITIVITY

AFFIRM

APPROVE

BELIEVE

BENEFIT

BUOYANT

CERTAIN

CHEERING

CONFIDENT

CONVICTION

CREDENCE

EFFICACIOUS

ENCOURAGE

ENTHUSIASTIC

FAITH

FAVOUR

HEARTEN

HOPE

OPTIMISM

PLEASING

POSITIVE

REASSURE

RELIANCE

SATISFY

SUPPORT

SURE

TRUST

```
S E R E Y F S I T A S D E S E T
A C O M C E F T M I N P E M V O
R N I H E A N S E O F F O V E C
C E E T F O I C I V F E C R I L
N D A F S M S T O I I T N T L E
U E I S I A C S C U N T N E E V
O R T T S I I A U E R A I G B O
M C P R V U C S D P Y A N S F R
T O E N A I R I U O P I G A O P
S T O R O E F E U H S O V E G P
U C I U T N H B C A T O R C P A
R R S E O A D L E B U N S T H T
T S E C N A I L E R P A E R U S
H T I A F I P N G N I R E E H C
```

48 - BABY DAYS

BABYGROW

BIB

BOTTLE

COT

CRADLE

CRIB

CRY

DIAPER

FEED

FORMULA

GAMES

LULLABY

MOSES BASKET

NAPPY

NEWBORN

NURSERY

OFFSPRING

PRAM

PUSHCHAIR

RATTLE

ROMPER SUIT

SLEEP

SMILE

SWADDLE

TEETHING

THUMB-SUCKING

WEAN

```
L A N P T B O I E T E M A T E A
C T R S Y W R T H L T S H B O L
D A I P P R O F E E D U L W S E
M N P U A U A R K E M D G E K L
L A R T S T S S G B T N A O E S
N U T O C R A H S Y I H F W M P
S L L R B B E U C R B O I I S N
E C Y L S W C P P H R A L N U S
M T R E A K E S M M A E B R G U
A P S B I B F N U O L I S F C A
G O Y N W F Y L R T R E R Y L P
M L G E O N A S T C R A E D S G
D I A P E R E O M Y E L D A R C
A N P W A E B N L I N N A S B O
```

49 - KEEP CALM AND CARRY ON!

BALMY

BLISS

CALM

CAREFREE

COMPOSED

CONTENT

COOL

GOLDEN

HALCYON

HAPPY

HUSH

IDYLLIC

JOYOUS

PACIFIC

PEACE

PLACID

PLEASANT

POISE

QUIET

RELAXED

RESTFUL

SANGFROID

SERENE

SOOTHED

STILL

TRANQUIL

UNRUFFLED

```
H A R S P C I E L C Y I M A O L
F E N E R E S T E T O P T C A I
I M C U C E P O J R C N P P E H
L L I T S A L T O O F D T A U L
O Q S I C T E A M T E E T E H O
T U O I S I N P X L H R R Y N G
C P F P U A O A F E A E N A D T
G I S Q R S N F S N D O D P C I
C O A U E E U G Q A Y C L S E F
Y H L D O R S U F C E A C S N B
I T S D N Y I T L R C L O I A O
O R X U E L O A F I O M P L E S
R E U B H N H J D U O I M B S L
F N O P R M E C I L L Y D I T O
```

50 - COLOURING IN

AUBURN

AZURE

BLUE

BRONZE

CARMINE

CERISE

CORAL

CRIMSON

GOLD

GREEN

INDIGO

MAGENTA

MAROON

MAUVE

ORANGE

PEACH

PINK

PURPLE

RED

ROSE

RUSSET

SAFFRON

SCARLET

SILVER

TANGERINE

TURQUOISE

VIOLET

YELLOW

```
A U T L E N F H K B I N N J E B
Z F E L L Z A B C E A O E G S R
R N F S E D E T N M A R O H E I N
O Q S C N E Y A R F E U L B R O
S U U C L I G E F U E P Z O E G
M Z R O A E R A L S B W O A C R
I A I A N R S E I L P U B Q U K
R V C T N D L O G U O R A E S D
C X A A Y O U E R N O W R V F O
L B Z A R Q O P T N A E Z U R T
N A M K R M L R Z L V T H A G I
X P R U N E I E A L Z K N M R O
A U T O G I D N I M T G Q U E A
T O E Y C W P S E V E Z A S O C
```

SOLUTIONS

SOLUTIONS

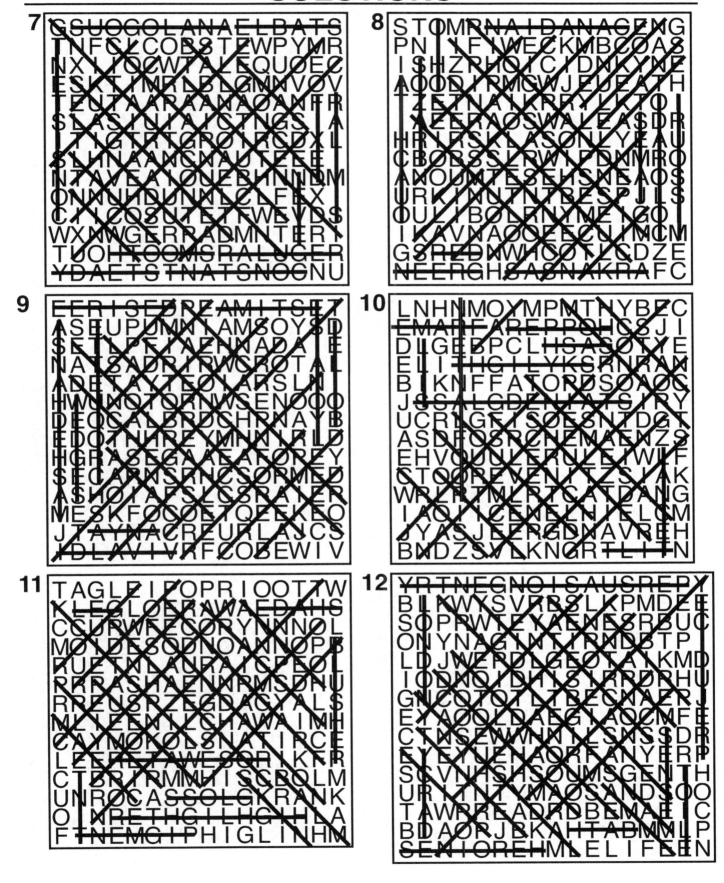

SOLUTIONS

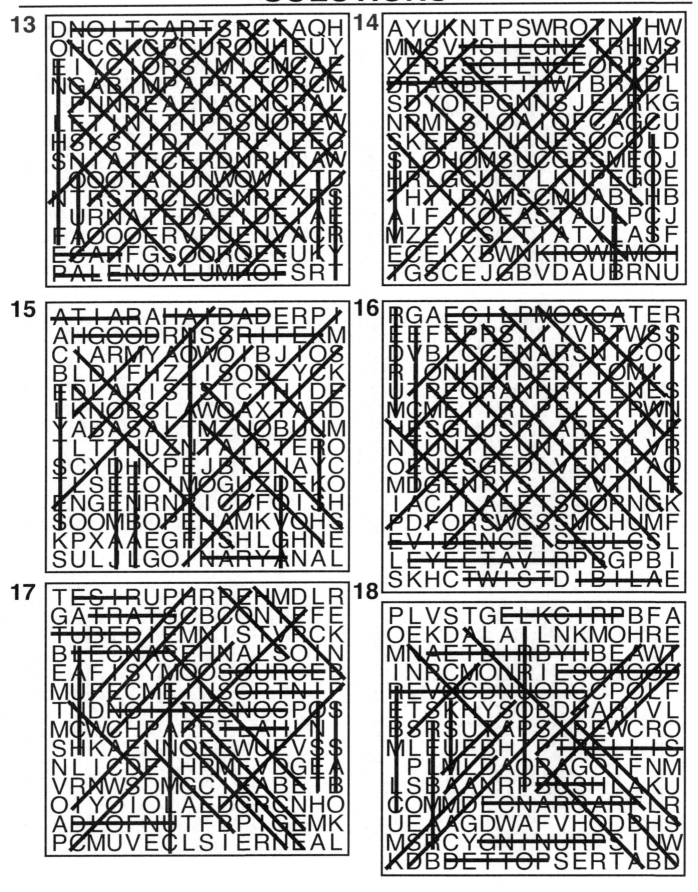

SOLUTIONS

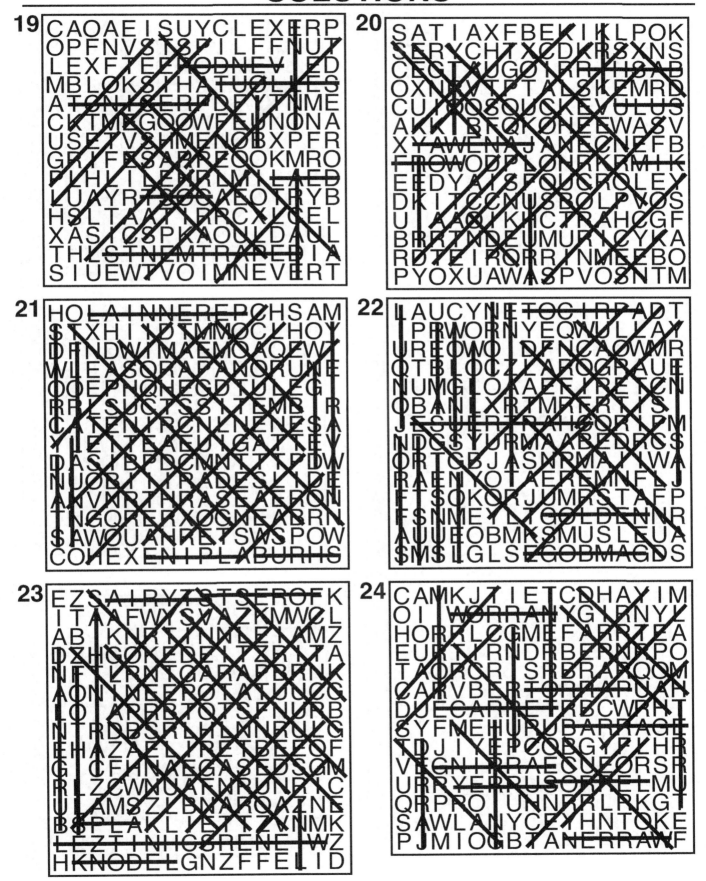

SOLUTIONS

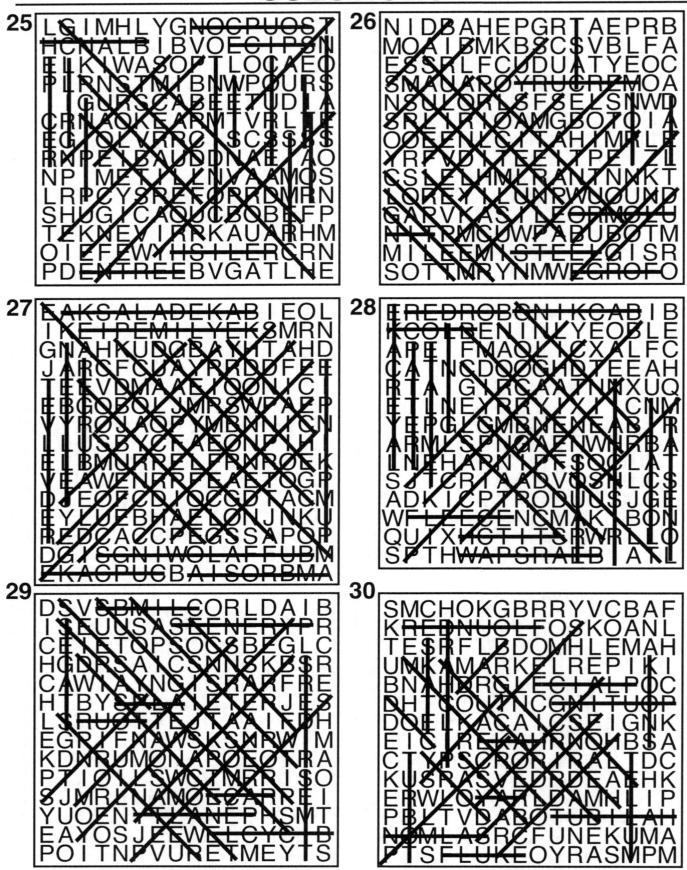

SOLUTIONS

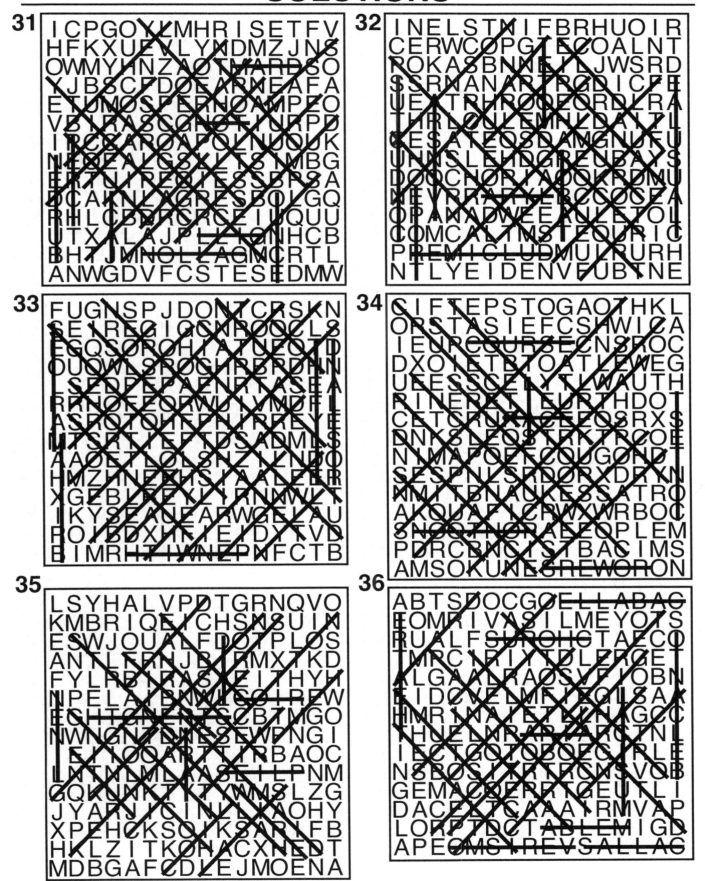

SOLUTIONS

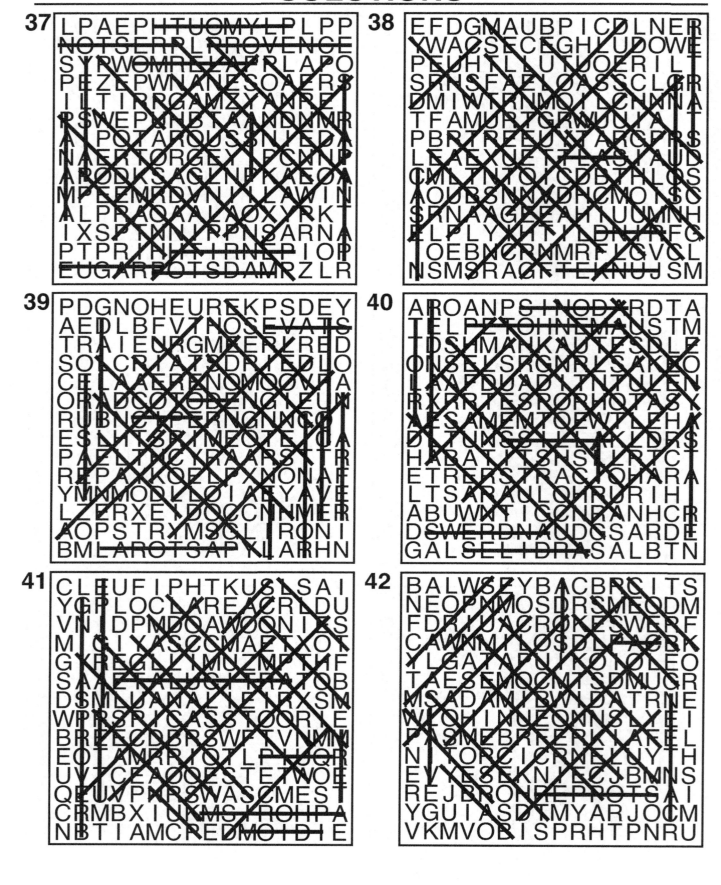

SOLUTIONS

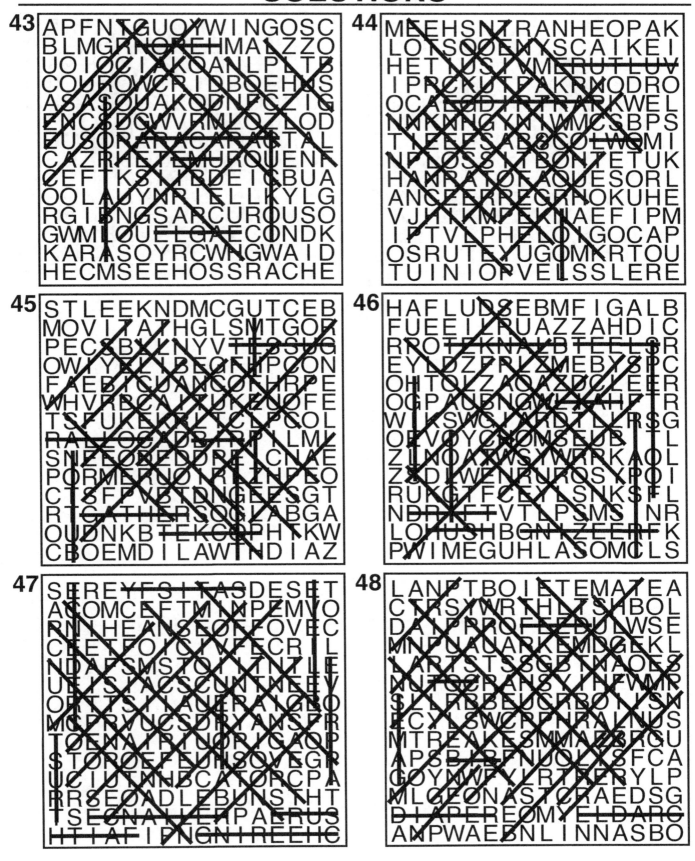

SOLUTIONS

49

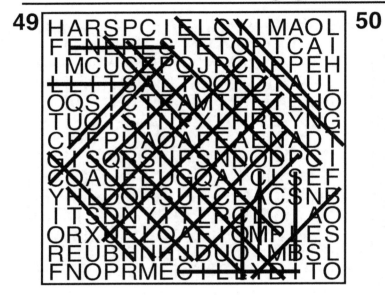

50

JOTTINGS

JOTTINGS

Printed in Great Britain
by Amazon

23732095R00064